AF247972

ALLOCUTION

PRONONCÉE AU SERVICE FUNÈBRE QUI A ÉTÉ CÉLÉBRÉ EN L'HONNEUR

DE M. HENRI PASCAL.

ALLOCUTION

PRONONCÉE DANS L'ÉGLISE PAROISSIALE DE BRIGNON (GARD)

PAR

M. L'Abbé DE CABRIÈRES

VICAIRE-GÉNÉRAL

A L'OCCASION DU SERVICE FUNÈBRE

CÉLÉBRÉ EN L'HONNEUR DE

M. HENRI PASCAL

Sergent de la 1re Compagnie du 1er Bataillon des Zouaves Pontificaux

MORT GLORIEUSEMENT A MENTANA

le 3 novembre 1867.

NIMES

L. BEDOT, LIBRAIRE-ÉDITEUR, RUE MADELEINE

PRÈS DE LA CATHÉDRALE.

Décembre
1867.

✝

Dilexisti justitiam et odisti iniquitatem ; prop-
terea unxit te Deus, Deus tuus, oleo lætitiæ præ
consortibus tuis.   (Ps. 44.)

Vous avez aimé la justice et haï l'iniquité :
c'est pourquoi votre Dieu vous a honoré de
l'onction de sa joie, préférablement à vos autres
compagnons.

Mes Frères,

Parmi tous ses membres, l'Eglise a toujours choisi,
pour les entourer d'une vénération particulière, ceux qui
ont eu le bonheur de sceller leur foi par l'effusion du
sang. Aussi, dans les premiers siècles, quand la persécu-
tion victorieuse venait de faire un nouveau martyr, les
bourreaux n'avaient pas encore abandonné leur victime
que déjà de pieux fidèles, des femmes même se glis-
saient, à la faveur des ténèbres, jusqu'au lieu du sup-
plice, dérobaient les restes mutilés du chrétien, de la
chrétienne, à peine endormis dans la mort, et rendaient
à ces dépouilles, que les païens poursuivaient de leurs
mépris ou de leur fureur, les hommages de la plus religieuse tendresse.

Ce que nos pères n'ont jamais cessé de faire, nous le faisons ici nous-même, en ce moment. A l'heure où reparaissent, au centre de notre vieille Europe, les prodiges de la Foi primitive, il est bon de reprendre les antiques usages auxquels ces prodiges avaient donné naissance, et qui en devaient perpétuer la glorieuse mémoire.

Puisque Dieu a daigné favoriser notre Diocèse de la grâce insigne de compter plusieurs de ses enfants au nombre des vaillants défenseurs de Pie IX ; puisque votre compatriote, Henri Pascal, a eu le privilége de couronner par une mort héroïque les courtes années de son service militaire, il est convenable, il est juste, Mes Frères, que l'Eglise de Nimes tout entière s'unisse à vous dans un même sentiment de reconnaissance et de piété pour le soldat courageux dont le sang répandu fait revivre les plus beaux souvenirs de nos annales et rajeunit, en les consacrant, toutes les traditions de notre fidélité envers la Chaire auguste des Pontifes Romains.

Retenu loin d'ici par les devoirs de son laborieux ministère, Monseigneur notre Evêque a voulu du moins s'y faire représenter. Son choix, pour une mission si honorable, ne pouvait être douteux ; il devait envoyer vers vous ce prêtre vénérable (1) dont l'âme ardente est, depuis trente ans, au milieu du Diocèse, le foyer d'un zèle dévorant et fécond, auprès duquel se réchauffent tous les cœurs attiédis et se raniment tous les courages lassés.

Pour moi, je n'ai pas de titres qui m'appellent à prendre

(1) Le R. P. d'Alzon, vicaire-général.

la parole, et je dirais volontiers, en face de cette fervente assemblée, ce que disait autrefois Tertullien devant les captifs du Christ qu'il exhortait à la persévérance et au martyre : « *Nec tantus ego sum qui vos alloquar* (1), quel mérite assez haut me donne le droit de vous exhorter ! » Mais je cède sans effort aux muettes sollicitations de ce nombreux clergé dont les regards attendris, dont les larmes silencieuses semblent chercher un interprète assez téméraire, pour oser exprimer tout haut l'émotion universelle.

Aussi bien, nous n'avons pas ici le corps de notre martyr. Nous ne pouvons pas entourer sa tombe et mêler à son sang quelques-unes de nos larmes ! Nous ne connaîtrons peut-être jamais ces collines de Mentana, rendues si célèbres par son glorieux sacrifice, et par le sacrifice de ses compagnons d'armes !

Mais n'est-ce pas ici son pays natal ? ses amis d'enfance, ses parents, son frère, sa mère surtout, ne sont-ils pas sous mes yeux ? Et la mère de Pascal n'est-elle pas la meilleure, la plus précieuse relique qu'il ait pu nous laisser de lui-même ? Nous n'avons donc rien à souhaiter pour ajouter encore à la solennité d'une cérémonie, d'autant plus saisissante qu'elle est plus simple, et qui, dans la pauvre église d'un village obscur, évoque à nos yeux les trois images dont l'immensité remplit en quelque manière la pensée des vrais chrétiens : Jésus-Christ, le Pape et l'Eglise ; — Jésus-Christ que Pascal

____

(1) Tertull. — *Exhort. ad martyr.* 1.

a aimé comme l'ont aimé les Saints, jusqu'à la mort ; Le Pape et l'Eglise dont il a proclamé les droits sacrés par le don volontaire qu'il leur a fait de sa patrie, de sa famille et de sa vie.

Je vais essayer de vous dire comment est née la vocation d'Henri Pascal, comment il a répondu à cette vocation, comment enfin cette vocation l'a conduit aux honneurs du martyre.

I

Je n'ai pas, Mes Frères, à vous faire le portrait de votre compatriote. Vous n'avez oublié ni sa figure, ni sa taille, ni sa démarche. Vous savez, ce qu'il fut depuis sa naissance, en 1843, jusqu'à la venue parmi vous, en 1859, d'un jeune prêtre (1) dont le ministère a laissé, dans cette paroisse, d'ineffaçables souvenirs.

Fils d'un humble cultivateur et vivant seul avec une mère dont il était, en l'absence de ses frères ou par suite du mariage de ses sœurs, l'unique soutien, Henri Pascal était, entre quinze et seize ans, ce que sont beaucoup de jeunes gens des campagnes. Il avait de bons sentiments, de la foi, des mœurs. Mais il ne craignait pas le plaisir ; les danses du village, avec les jeunes filles protestantes,

____

(1) M. l'abbé Barnier, d'abord vicaire à Beaucaire, puis succursaliste à Brignon, mort à Nimes, en 1866.

ne l'effrayaient point. Son humeur enjouée, son caractère vif et hardi lui ménageaient ce que dans les classes élevées, on appelle des succès, ce que, dans l'austère appréciation de la morale chrétienne, nous savons être de dangereuses tentations.

Certainement, dans la voie facile où il était engagé, il n'eût jamais songé de lui-même à la destinée sublime que la Providence lui réservait.

Jamais sa volonté ne l'aurait poussé vers une résolution dont ses goûts, ses préoccupations ordinaires, des habitudes déjà contractées, le milieu dans lequel il vivait, semblaient devoir, non pas seulement l'éloigner, mais lui interdire jusqu'à la pensée.

Pour lui, comme pour les généreux confesseurs de la Foi que Tertullien ne craignait pas d'humilier, en leur affirmant que « *si le Saint-Esprit ne les avait, en quelque façon, devancés dans les cachots, ils n'y seraient jamais entrés* (1) » par leur propre choix, la première idée d'une vie, tout entière consacrée à la défense de l'Eglise et de son Chef, fut inspirée du dehors. Elle vint en son âme comme le blé vient dans vos champs, parce que son âme avait été préparée d'avance et parce que, dans ces sillons ouverts, une main laborieuse avait jeté de précieuses semences, les semences de l'enseignement et celles de l'affection.

Une étude de quelques mois avait suffi pour que

(1) Si non vobiscum nunc Spiritus Sanctus introisset, nec vos illic hodie fuissetis. (Tert. *Ad Martyr.* 1, A.)

M. l'abbé Barnier, votre ancien curé, se rendit compte de l'état dans lequel il trouvait votre paroisse et des ressources qu'elle lui offrait. Son expérience, vite formée, lui avait appris ce que sont les populations mixtes, et combien il importe de préserver les Catholiques, contre l'indifférence ou la tiédeur, si promptes à se montrer partout où la présence d'une majorité protestante semble commander de regrettables tempéraments.

Mais quels moyens employer? que faire pour créer, entre ses paroissiens et lui, le courant nécessaire de confiance, le commerce de paternelle et filiale intimité sans lequel le prêtre sait bien que son ministère est forcément stérile? M. Barnier réfléchit quelque temps : puis, vous vous en souvenez, Mes Frères, du haut de cette même chaire où je vous parle maintenant, il convoqua tous les hommes, mais surtout les jeunes gens, à venir, le soir, au presbytère, apprendre la musique et le chant.

Cette invitation, vous le savez, parut d'abord surprenante, et l'on s'y rendit par une sorte de curiosité. Mais l'accueil fut si cordial et si simple, la conversation si facile et si fortifiante que bientôt la curiosité fit place à l'attrait ; on trouva plus de repos et plus de joie dans le salon du Curé que dans l'atmosphère épaisse des réunions vulgaires; l'union devint enfin si étroite entre les hôtes assidus du presbytère et celui qui leur en offrait la bienveillante hospitalité, que M. l'abbé Barnier fut le maître absolu de ces cœurs auxquels il communiquait la chaleur de ses saintes croyances, et dont il recevait en échange le plus fidèle dévouement.

Deux jeunes hommes surtout se livrèrent entièrement à l'aimable influence qui les sollicitait. L'un, c'était Pascal; l'autre, c'était Rouvière, le cousin et l'intime ami de notre héros !

Et ici, permettez-moi, Mes Frères, de vous ouvrir mon âme. Je ne voudrais pas, en exaltant le courage d'un martyr, porter atteinte à l'humilité de son frère d'armes. Pascal a trouvé dans la mort cet asile inviolable qui ne permet plus à l'orgueil d'approcher et de corrompre la vertu. Mais Rouvière vit encore ; ses blessures saignantes sont des trophées qui l'exposent autant qu'ils le glorifient. L'incorruptible sévérité de l'Evangile m'oblige à lui ménager assez les louanges pour qu'elles ne lui deviennent pas un scandale et une tentation. Puis-je, cependant, séparer ceux que le sang et la grâce ont doublement unis? Ai-je le droit de rompre ces liens sacrés, noués d'abord par la nature et la sympathie, mais rendus indissolubles par la communauté des mêmes périls et par cette fraternité militaire, si estimée des vrais soldats ?

C'est vous. Mes Frères, c'est vous qui me donnerez la liberté de tout dire, et de tout dire sans danger. Vous raconterez sans doute à Rouvière ce que nous aurons fait ensemble pour honorer son ami. Ne lui parlez pas de la place que nous sommes si heureux de lui consacrer dans notre admiration comme dans notre respect, à côté de son vaillant émule. Ne lui renvoyez pas l'écho, même affaibli, de mes éloges, et laissez lui penser que la victoire est muette, quand ses palmes ou ses lauriers ne peuvent pas descendre sur un tombeau !

Libre maintenant de tout scrupule, je reviens aux plus douces années d'Henri Pascal et de son compagnon bien-aimé.

Les soirées du presbytère se passaient gaiement ; « on jouait aux dames, aux échecs ; on apprenait un morceau de chant ; même, de temps à autre, on mêlait au vin du crû quelques bouteilles de Langlade ou de Lunel (1). » Mais le plus souvent, la conversation s'élevait ; et c'était alors surtout que, doucement pénétrées par les plus profondes émotions, les âmes des auditeurs montaient jusqu'à la hauteur de l'âme du Curé, et considéraient avec lui, du même point de vue, les longues épreuves de l'Eglise et du Pape.

Un soir, le nom, jusqu'alors inconnu, de Castelfidardo retentit aux oreilles avides des jeunes amis de l'abbé Barnier. Le sang avait coulé sur la terre pontificale ; l'invincible La Moricière avait vu ses troupes écrasées sous le nombre ; Pimodan et ses tirailleurs avaient succombé. Qu'allait devenir la Papauté, meurtrie par ces coups douloureux !

A ces tristes nouvelles, l'angoisse se peignit sur tous les visages. Une interrogation subite, impérieuse, se fit entendre au fond de l'âme de Pascal, et la même voix jeta dans le cœur de Rouvière cette simple question : Pourquoi n'irions-nous pas, à Rome, servir la cause de Pie IX ?

C'en était fait pour vos deux compatriotes, mes bien chers Frères, des heures tranquilles d'abandon et de paix.

(1) Divers fragments des lettres de Pascal.

Une tempête s'était levée qui ébranlait et déracinait tous leurs rêves à peine formés.

Certes ! il ne faudrait pas savoir ce que sont, pour le modeste villageois, son champ, sa maison, le toit de ses aïeux, le clocher de son église, les relations de sa jeunesse pour supposer que Pascal ou Rouvière aient pu, sans une immense amertume, entrevoir le prochain sacrifice de toutes ces affections, si légitimes et si profondes.

Ce sacrifice d'ailleurs n'était pas de ceux qui offrent des compensations humaines et promettent au moins la sécurité d'un long avenir.

Non ! il fallait abandonner sa famille, sa patrie, tout enfin, tout jusqu'à l'espérance d'un triomphe certain.

Laissez-moi, Mes Frères, vous citer encore le grave Tertullien, dont le beau livre sur le martyre renferme de si viriles exhortations.

Lorsque le chrétien est dans les fers, disait ce grand homme, « un dialogue s'établit entre l'esprit et la chair ; l'un et l'autre, à la pensée du combat qu'ils doivent livrer, soutiennent des intérêts contraires. Tandis que l'esprit répond à ses propres frayeurs et à l'effroi des sens, par le souvenir des supplices que le seul amour de la renommée ou de la gloire a fait mépriser et même désirer, la chair tremble devant le poids du glaive, la hauteur de la croix, la rage des lions, la flamme des bûchers, les cruelles inventions que la haine peut suggérer aux bourreaux ! (1) »

____

(1) Tertull. — *Ad Martyr.* iv, a.

Cet état de crainte intérieure, ces hésitations devant un projet qui engageait son honneur et sa vie, ces luttes douloureuses entre l'appel de Dieu et les tendresses du foyer domestique, toutes ces souffrances sans histoire et sans nom, mais pires que la mort, Pascal les a soutenues pendant deux longues années; et, pour en sortir vainqueur, il a dû recourir à tous les auxiliaires divins par lesquels la grâce du Ciel aide et guérit les faiblesses de la nature.

Vous vous demandiez alors, Mes Frères, pourquoi ce jeune homme de dix-huit ans recourait si fréquemment aux Sacrements de Pénitence et d'Eucharistie, pourquoi sa vie était si retirée, pourquoi ses prières si ferventes et si prolongées; vous vous étonniez de le voir s'oublier dans le sanctuaire, faire le chemin de la croix, réciter le saint Rosaire et se familiariser ainsi lentement avec les austères leçons du Christ crucifié. Les raisons de cette conduite, vous les comprenez aujourd'hui. Pascal et son ami se plongeaient dans la solitude et le silence pour mieux écouter la voix d'En-Haut et pour y mieux répondre.

Enfin la lumière brilla sur leurs âmes, si longtemps indécises, et comme obscurcies par un doute pénible. L'étoile de la mer ne dédaigna pas de luire sur leur route et d'en chasser les ténèbres.

Vous avez connu, Mes Frères, les émouvants détails du pélerinage que vos deux compatriotes firent ensemble, en 1864, vers les premiers jours de Mai, à Notre-Dame-de-Rochefort.

Partis de Brignon, à la nuit tombante, ils arrivèrent à

Uzès, sur les onze heures. Ils avaient espéré marcher plus vite et pouvoir trouver dans un hôtel un peu de repos et quelques aliments. Mais le temps était affreux, un vent terrible avait fermé toutes les maisons, interrompu toutes les veillées. Impossible de trouver un abri. Ils continuèrent leur chemin, mais au hameau de Garrigues, il fallut s'arrêter ; Pascal était tombé de fatigue et s'était évanoui. On le ranima difficilement et l'on voulut lui donner à boire. — Non, non, dit-il, je dois communier à Notre-Dame. — Les deux pélerins reprirent en effet bientôt leur route, et ne songèrent plus à suspendre leur marche jusqu'à ce que leurs pieds ensanglantés pussent fouler le seuil de l'antique chapelle.

Quelques semaines après, ils assistaient encore à l'ouverture d'un autre pélerinage en l'honneur de Marie, celui de Notre-Dame-de-Bouquet. Rapprochement singulier ! Quand le R. P. d'Alzon prêchait ainsi pour l'inauguration de la statue de la *Mère Admirable*, il ne songeait pas que sa parole enflammée remuait dans l'âme d'un jeune paysan les fibres les plus généreuses et fixait pour ainsi dire les longues irrésolutions de ce noble cœur ! Il en était pourtant ainsi ; comme si Dieu avait voulu placer la naissance, le développement et la fin de cette héroïque vocation entre deux solennités, bien différentes l'une de l'autre, mais présidées toutes deux par le même homme, et par un homme digne de servir d'interprète à la Providence.

Pascal et Rouvière étaient décidés. Leurs familles se résignaient ; leur digne Curé, déjà malade et qui pouvait prévoir sa fin, applaudissait à leur résolution; leurs amis, étonnés mais émus , parlaient de les suivre un jour. Une dernièrc formalité restait à remplir. La loi de la conscription pesait sur Pascal ; il fallait nécessairement ou servir en France ou s'exonérer. Lc futur zouave n'hésita pas. Il fit une sorte de quête parmi les siens ; sa mère vendit une terre ; lui-même se défit du peu de bien qu'il pouvait avoir ; il donna 2,500 fr. au Trésor; et c'est ainsi que, selon les expressions d'un juge, délicat en fait d'honneur et de loyauté, Henri Pascal, en 1864, et Casimir Rouvière, en 1866, « se distinguèrent par un trait, digne des plus beaux dévouements que l'histoire ait jamais célébrés. Ils achetèrent leur épée au lieu de la vendre (1). »

A la fin de novembre, les deux amis partirent ensemble pour Rome ; et le 6 décembre 1864, ils signaient tous deux un engagement de deux ans. — Je vous ai dit comment était née la vocation de Pascal : il me reste à vous montrer comment il l'a comprise et réalisée.

(1) M. le baron de Larcy. — Lettre à la *Gazette de France,* en date du 14 novembre, citée par le *Correspondant* du 25, dans le bel article du vicomte de Meaux.

II

Trois mots résument la vie militaire de notre cher Pascal. Dans une armée pleine d'entrain, il fit remarquer son ardeur ; au milieu de jeunes hommes, tous animés des sentiments les plus chrétiens, il se signala par sa piété ; enfin, pendant une épreuve de deux ans, il soutint, sans se lasser, la constance de son abnégation et de son énergie.

Vous pouvez soupçonner, Mes Frères, ce que sont les premiers mois du service. Vous en devinez les fatigues, les ennuis nécessaires. Cette laborieuse initiation, faite dans la caserne, est, en face de la poésie de la guerre, une prose triste autant que monotone. Mais aussi ces durs commencements, quand on a le courage de les franchir, rendent facile tout ce qui doit les suivre et les récompenser ; ils assouplissent le corps ; ils renouvellent le tempérament ; ils ouvrent l'intelligence ; ils disciplinent la volonté et la préparent lentement à considérer le danger sans surprise et la mort sans terreur.

Henri Pascal comprit instinctivement l'utilité de cette formation virile que l'on pourrait appeler, selon le mot d'un ancien, la nourrice de la valeur. Aussi s'appliqua-t-il sans relâche à acquérir, au dépôt, toute l'instruction dont il devait plus tard se servir en campagne. Il apprit à Rome, le maniement du fusil ; dans les garnisons où sa compagnie fut successivement détachée, il se fit à la marche et se pénétra des premiers éléments de la tactique.

Son esprit ouvert saisissait vite les mâles enseignements que le génie de Tertullien résumait en quelques traits d'une sobriété si vigoureuse. « Quel guerrier, s'écriait le » prêtre de Carthage, vient au combat sans renoncer à ses » plaisirs. Quel soldat sort d'une chambre commode pour » aller droit à l'ennemi ! On couche d'abord sous la tente, » déployée et fixée au sol ; on y supporte les privations, les » intempéries, les souffrances de toute sorte. La paix dure » encore et déjà l'on se familiarise avec les dures néces- » sités de la guerre, par l'habitude de labeurs incessants. » Marcher sous les armes, franchir rapidement de longues » distances, creuser des fossés, dessécher des marais, acqué- » rir au prix de ses sueurs la force de mépriser les vaines » terreurs du corps ou celles de l'âme, passer subitement » de la fraîcheur d'un endroit abrité à la brûlante ardeur » du plein soleil et de cette chaude température à un froid » glacial, échanger brusquement la tunique légère contre » la lourde cuirasse, sortir sans effroi d'un calme silen- » cieux pour entendre de menaçantes clameurs, quitter » enfin généreusement son tranquille repos pour le tumulte » agité de la lutte (1) ; » voilà l'éducation du soldat, et c'est ainsi qu'il prépare ses triomphes futurs.

En quelques mois, Pascal devint capable d'être maître à son tour ; il fut nommé caporal instructeur. Cette promotion le sépara momentanément de Rouvière, plus

______

(1) Tertull. — *Ad Martyr.* III, F.

jeune que lui de deux ans, et qui dut à un zèle égal un avancement un peu moins rapide. Votre compatriote, Mes Frères, sentit alors tout le poids de l'isolement ; sa pensée, toujours fidèle aux chères images de la patrie, lui peignait, sous des couleurs plus vives ceux qu'il aimait et dont il était si loin. Ses lettres étaient pleines de noms, de détails et de dates qui lui rappelaient des joies passées, des douleurs présentes. Il songeait à tout, à la croix du cimetière qu'il avait laissée à demi-renversée et qu'on rétablissait, aux rosiers qu'il avait plantés lui-même, pour donner au champ des morts une triste et dernière parure, et qu'il ne devait pas voir s'épanouir.

Mais, selon la parole du Maître, applicable ici dans toute son étendue à ce fils d'agriculteur, changé en défenseur du Saint-Siége, « celui-là ne serait pas digne du Christ qui mettrait la main à la charrue et qui regarderait après en arrière. » Sous le poids écrasant de cette tristesse intérieure, Pascal ne permit pas à son ardeur de se ralentir. Au contraire, il se réfugia dans une piété plus pratique et plus assidue.

La visite des monuments de l'ancienne Rome, la vénération des grandes reliques dont la capitale des Césars est dépositaire depuis tant de siècles, la fréquentation des sanctuaires célèbres où resplendissent, au milieu de chefs-d'œuvre immortels, les plus belles et les plus populaires représentations de Jésus-Christ, de la Vierge ou des Saints ; telles étaient les distractions, religieuses et sublimes, par lesquelles notre cher Zouave se délassait des manœuvres militaires et nourrissait son âme de plus en plus affamée.

La vieille Cité, si fière de toutes ses gloires, et sur laquelle la main des hommes ne peut s'étendre deux fois en souveraine, la vieille Cité tenait à Pascal d'incomparables discours ; elle l'inspirait ; elle lui découvrait de vastes et invisibles horizons où l'imagination du jeune soldat s'élançait avec bonheur, comme le jeune aiglon vers le soleil.

Un style tout nouveau, vraiment extraordinaire par son tour à la fois simple et hardi, coulait sous la plume de votre compatriote. « Il y a ici des richesses qu'on ne peut trouver ailleurs, disait-il, en parlant des beautés morales de Rome (1) ». Et lui-même semblait avoir trouvé, dans sa nouvelle condition, la source d'une vie intellectuelle, bien différente de celle qu'il avait jusque là connue. « De grandes choses ont succédé aux amusements de notre jeunesse, écrivait-il encore. Ne nous plaignons pas. » (2)

Une autre fois, s'adressant à son Curé, il lui tenait ce langage d'un accent si convaincu et si élevé: « Nous ne méritons pas ce que vous faites pour nous ; mais la cause qui nous a obligés de partir en est digne. »

Comment ne pas vous citer les paroles que sa foi lui dictait pour décrire la faction qu'il avait montée, seul, pendant la nuit, devant la Chaire de marbre de Saint-Pierre, devant ce symbole matériel de l'infaillible autorité qui est le salut et la joie du peuple chrétien.

(1) Lettre du 15 janvier 1865.
(2) Même lettre.

La scène était belle : Dans les ombres profondes de l'immense Basilique, un peu en avant de la *Confession*, au milieu du silence d'une nuit obscure, un seul homme veillait, armé, le cœur rempli de dévouement et de foi, ne perdant pas des yeux cette chaire immobile, témoin muet de la vérité de ces deux oracles du Nouveau Testament, dont le premier garantit à l'Eglise, en la personne du Pape, son invincible durée, tandis que le second explique le mystère de cette durée immortelle et en révèle le principe caché : *Super hanc petram ædificabo Ecclesiam meam... Petra autem erat Christus.* La solidité de la *pierre* visible et terrestre vient de la solidité de la *Pierre* invisible et divine.

Ecoutez, Mes Frères, écoutez, et dites-moi si c'est Bossuet ou votre Pascal qui a tracé cette phrase éloquente, si digne d'être gravée sur la tombe d'un martyr : « Je me suis vu comme le député de l'Eglise universelle. Il m'a semblé que j'étais seul responsable de son plus grand trésor. »

Ainsi le courageux soldat se pénétrait des vues les plus hautes sur la mission de l'armée pontificale ; ainsi se nourrissait-il des sentiments les plus chrétiens et les plus purs, comme pour affermir sa disposition d'aller jusqu'au sacrifice de la vie, dans l'œuvre sainte qu'il avait entreprise et qu'il ne voulait pas, disait-il, abandonner « *avant la définition* » (1).

Henri Pascal n'avait pas quitté son village « par un

____

(1) Lettre du 5 mai 1866.

coup de tête », comme il l'expliquait naïvement à ses amis. « Je ne reviendrai que lorsque j'aurai rempli ma tâche.... » — « Je suis prêt à verser mon sang ; je suis venu exprès ici.... » — « Nous sommes tous prêts à verser notre sang pour la cause du Saint-Père qui est celle de Dieu... et le plus tôt sera le meilleur » (1).

Sa ferveur croissante soutenait en lui la vigoureuse énergie des premiers mois d'enthousiasme. Il sentait bien que, pour répondre aux indignes calomnies d'une presse misérable qui ne rougit d'obliger notre belle langue à insulter chaque jour Jésus-Christ et son Vicaire, il n'y avait que deux moyens : le succès et la persévérance. Aussi, se fortifiant lui-même contre cette terrible maladie que nos paysans appellent : *la languitude,* il écrivait avec une admirable fermeté : « Selon les pensées humaines, il » est bien triste de voir s'écouler ces deux ans de service, » loin de la maison paternelle, sans aucun succès pour

____

(1) Lettres diverses de 1865 et 1866. — Ecrivant aux Sœurs, chargées de l'école des filles, à Brignon, il leur dit simplement : « Nous défendons la même cause ; il en faut pour les armes, il en faut pour les prières. » — Une autre fois, il dit encore : « Le Mardi-Saint, j'ai eu le bonheur d'assister au chemin de la croix, dans le Colysée. Je me trouvais très-heureux de prier quelques instants dans une enceinte et sur une terre, arrosées par le sang de milliers de chrétiens martyrs... Le Samedi-Saint, au *Gloria,* toutes les cloches de Rome rompent à la fois le silence gardé depuis deux jours ; le canon tonne ; les chantres font retentir toutes les églises du chant du *Gloria in excelsis;* c'est quelque chose de touchant qui annonce la solennité d'une fête unique au monde. » — Ce n'est pas à l'école que Pascal avait appris à écrire ainsi; l'Esprit-Saint était son maître.

» récompense de son dévouement. Mais la constance, qui
» est un grand succès dont les hommes ne tiennent pas
» compte, nous servira, un jour. Si nous sommes alors
» de vieux soldats, nous pourrons mieux défendre la cause
» que nous servirons depuis si longtemps » (1).

Encore une fois, je m'étonne et j'admire ! où donc ce
fils des champs avait-il appris le chemin du monde su-
périeur où vivent les âmes héroïques et saintes ? Dieu
seul l'avait instruit et formé. Mais quand Celui-là qui
crée les âmes daigne ajouter à son acte créateur, un
travail lent et mystérieux, une incessante communica-
tion de sa grâce toute puissante, alors, Mes Frères, on
voit des miracles, « et la langue elle-même des enfants
devient éloquente. »

Voilà donc quelle était, à Rome, et sous les armes,
la vie de notre cher Pascal. Le cœur rempli d'un tendre
amour pour les siens, il avait Brignon toujours présent.
En même temps il prêtait une oreille attentive à tous les
bruits de guerre, et, dans le silence de ses ardentes préoccupations, l'Eglise lui apparaissait comme une reine
majestueuse et bien-aimée pour laquelle son sang devait
couler.

Dieu lui fit la grâce, non pas de revoir sa mère, mais
de lui ménager, à plusieurs reprises, sur cette place de
la Minerve, si connue des pélerins de Rome, la rencon-
tre de son évêque diocésain. Pascal aimait Mgr Plantier,
sans doute parce que cet illustre Pontife était son père

____

(1) Lettre du 6 décembre 1866.

dans la foi, mais peut-être plus encore parce qu'il connaissait le zèle éclairé de cet infatigable champion que la défense des droits, mêmes temporels, du Saint-Siége trouve toujours vigilant.

Une autre grâce, plus précieuse encore et que Pascal apprécia, comme il le devait, ce fut cette grande Fête du Centenaire, à laquelle il assista dans les sentiments d'un chrétien qui toucherait avec envie à des palmes, baignées du sang de ses frères.

Je ne saurais vous peindre, Mes Frères, mon émotion lorsque, ces jours derniers, dépouillant la correspondance de votre compatriote, j'ai trouvé, dans une lettre du mois de juillet 1867, un lambeau de l'étoffe qui ornait les murs intérieurs de Saint-Pierre, au moment de la Canonisation.

Ainsi le noble enfant voulait faire voir à ses amis de France, les riches couleurs de ces tentures dont l'éclat figurait, sur la terre, devant nos yeux ravis, les pompes de la Jérusalem céleste ! Et maintenant, dans cette pauvre chapelle où Pascal a été baptisé, où il a fait sa première communion, voici que l'ingénieuse piété du curé de son village (1) a mêlé, aux signes impuissants d'un deuil, adouci par les plus sublimes consolations, des tentures aux couleurs pontificales, qui symbolisent le triomphe, remporté par ce héros lui-même, par ce héros de 24 ans !

Quatre mois à peine, après les fêtes pacifiques de la

____

(1) M. l'abbé Joseph Laurent, successeur de M. Barnier, et qui n'a rien négligé pour continuer, surtout vis-à-vis des chers Zouaves de Brignon, les traditions de son prédécesseur.

Canonisation, une fête sanglante, une autre Canonisation a été célébrée sous les murs menacés de Rome ; Henri Pascal en a pris sa grande part, et sur son front brisé par les balles ennemies, une couronne immortelle est descendue, décernée par la main des anges !

III

Hâtons-nous, Mes Frères, de raconter les derniers instants d'une vie qui vous fut si chère et qui vous devient si glorieuse.

On le sait aujourd'hui. Les mêmes journées virent arriver à Rome, en juin dernier, des voyageurs, amenés par des pensées bien opposées. Les fidèles venaient, à la suite de leurs évêques, vérifier une fois de plus, et de la manière la plus solennelle, la parole du Seigneur à S. Pierre : *Et tu aliquando conversus, confirma fratres tuos.* Cette conversion n'a pas attendu, pour se produire, l'heure de la Résurrection ; un instant de faiblesse, un reniement de quelques minutes a été suivi par des années de repentir, par des siècles de fidélité. Mais vit-on jamais, mieux que de nos jours, la force victorieuse de l'appui donné par la main du Christ au trône de son Vicaire ? Vit-on jamais un courage plus calme, une patience plus sereine, une confiance plus assurée que la patience, le courage, la confiance de Pie IX, de cet homme extraordinaire à qui Dieu suffit, dans l'abandon de toutes les puissances humaines et qui, du sommet isolé où repose son siége auguste, prévoit tous les périls, sans leur permettre d'ébranler sa céleste espérance.

Mais, à côté des croyants, que la voix de Pierre amenait vers la capitale du monde catholique, s'introduisaient dans les provinces pontificales, et jusque dans la cité sainte, des partisans innombrables de cette secte furieuse et impie, dont le nom est à lui seul le résumé de tous les maux et de tous les crimes : la Révolution. Le démon, ce singe de Dieu, voulait avoir aussi son centenaire, la contre-partie des fêtes sacrées de l'Eglise, une catastrophe immense, la chute du pouvoir temporel.

Ah! je ne ferai pas à l'homme, effrayant et ridicule, dont les hordes barbares attaquaient les frontières des Etats-Romains, je ne lui ferai pas l'honneur de le nommer dans une église. Ce nom la souillerait. Il est voué deux fois aux gémonies, et parce qu'il n'a pas osé déployer le drapeau véritable sous lequel il prétendait combattre, et parce que, lorsque la fusillade a retenti près de lui, il a fui lâchement du champ de bataille. C'était justice d'ailleurs qu'il ne pût voir couler le sang de ces guerriers qu'il insultait avant l'attaque et dont les carabines n'auraient réussi qu'à le frapper au dos !

Mais enfin, Mes Frères, dans ces belles victoires de Nerola, de Bagnorea, de Valentano, etc... l'ennemi avait été battu, sinon en rase campagne, au moins sur des points qu'il n'avait guère fortifiés. On pouvait dire aux Zouaves et aux Légionnaires le mot de Tertullien : « *Jam*

foris congressi conculcavaretis (1) : Vous avez rencontré
ces bandits dans des plaines ouvertes et qu'ils n'avaient
pas eu le temps de s'approprier. »

Pour que la citation du vieil et dur Africain se réa-
lisât jusqu'au bout, il fallait que Satan et son armée eus-
sent une forteresse choisie d'avance, placée dans une situation formidable, et qui eût été rendue plus menaçante
encore par des travaux de défense et de fortification. Ce
choix, cette situation, ces travaux, ces préparatifs avaient
fait de Monte-Rotondo la propre maison des sacriléges
adversaires du Pontife-Roi.

Restait donc à faire entendre aux soldats pontificaux
cette sublime exhortation : « *Etiam in domo sua diabolum
conculcetis* (2) : Allez chercher le reptile jusque dans son
antre. » Tout à l'heure sa tête superbe épouvantait le
monde par ses sifflements ! C'est qu'il ne vous avait pas
aperçus. Allez, poursuivez-le ; « il fuira votre présence,
il cherchera sa plus profonde retraite pour vous éviter.
Replié sur lui-même, inerte, serpent qu'un peu de fumée
a suffi pour engourdir, » il livrera sans défense sa tête à
votre talon !

Je n'oserais pas, Mes Frères, tenter de vous décrire
comment nos Zouaves obéirent à l'appel de leurs chefs
intrépides, l'un digne des Suisses du 10 août, l'autre
digne de son oncle et des Géants de la Vendée.

L'élan, la fougue, l'ardeur de ces guerriers, c'est de la

(1) *Ad Martyr.* i, D.
(2) Id. ibid.

lave brûlante qu'on figerait en essayant de la peindre. Laissons aux rapports des généraux Kanzler (1) et de Failly leur grandeur calme, sorte de bronze éternel, fait pour transmettre à la postérité des exploits sans rivaux.

Pour nous, Mes Frères, arrêtons nos regards sur un tableau moins vaste, mais où nous sommes directement intéressés. C'est au de-là de la vigna Santucci ; deux Zouaves, deux sergents, entraînés par leur impétueuse bravoure, ont gravi le sentier rocailleux qui va vers Monte-Rotondo. Perdus dans la fumée, ils s'arrêtent pour se reconnaître et reprendre haleine. Arnaud, « le brave des braves », ne dit pas un mot : le regard en avant, il se reproche sa fatigue et va s'élancer de nouveau. Henri Pascal, plus calme, veut savoir où en est la lutte : deux fois les Zouaves ont été repoussés, deux fois ils sont revenus à la charge « Mon pauvre Arnaud, dit-il, cela va mal ! serions-nous battus ? mais ayons confiance, invoquons la Sainte-Vierge. »

Arnaud reprend brusquement : « Ne pensons pas à cela ; en avant ! » Puis, il joint l'action à la parole, et fait trois bonds dans la direction des ennemis, comme pour être plus à portée de leurs coups et pour les défier.

Hélas ! Mes Frères, — et pardonnez-moi ce cri de dou-

---

(1) Je trouve, dans une lettre de Pascal, à la date du 1er novembre 1865, ces mots remarquables : « Nous avons un nouveau Ministre des armes, le général Kanzler (il écrit: Canceler) qui nous aime beaucoup, de manière que nous sommes sûrs d'être les premiers au feu. C'est une raison de plus pour vous engager à venir. »

leur et de regret, — à ce moment là même Henri Pascal tombait lourdement sur le sol ; une balle venait de lui fracasser la tête.

Ainsi Dieu l'avait subitement rappelé, pour l'introduire dans la Cité des Saints, à côté des Maurice et des Victor, dans un instant où, par une sorte d'épreuve suprême, il avait besoin de faire appel à toute sa foi, à son aveugle confiance en Marie Immaculée, pour ne pas désespérer de la victoire du Saint-Siége !

Que pourrais-je maintenant ajouter à vos sentiments et à vos pensées ! Vous aviez vu partir un compatriote, un parent, un ami. La bataille de Mentana vous a donné un martyr ! Et parce que la gloire ne suffit pas à tarir les larmes d'une mère, une consolation inattendue vous sera réservée. Le corps de Pascal a été confié à la terre romaine, comme il convenait à un défenseur des droits du Pape. Mais son sang, mais quelques lambeaux de sa chair déchirée par le fer, le roc aride de Monte-Rotondo les a pour ainsi dire gardés avec respect, jusqu'au jour où des mains amies, des mains pieuses (1) ont pu recueillir ces précieuses dépouilles et nous en assurer le dépôt.

Souvenez-vous, Mes Frères, d'Henri Pascal ; souvenez-vous surtout de ces paroles, écrites par lui dans le cou-

---

(1) Celles du R. P. Vincent-de-Paul Bailly, des Augustins de l'Assomption. On placera, dans un des murs de l'église de Brignon et derrière une plaque de marbre, le vase de plomb qui renferme la cervelle de Pascal. — Le Saint-Père a daigné écrire de sa main une bénédiction pour la mère et la famille du jeune héros.

rant de décembre 1866, et qui résument sa courte et glorieuse existence : « Venez tous, venez mourir, s'il le faut, vous qui avez du cœur et qui pouvez comprendre les quelques mots que je trace d'une main précipitée, mais qui ne trahira jamais la cause que Rouvière et moi nous avons voulu servir. »

Je prononce ces paroles pour qu'elles aillent sur sa tombe lointaine, faire tressaillir en quelque sorte ses restes endormis; je les prononce pour qu'elles lui soient un témoignage de notre admiration, de notre respect, et de notre confiance en son intercession pour nous auprès de Dieu !

Un mot encore et j'ai fini.

Deux fois, à deux siècles de distance, les grands événements contemporains ont eu, dans votre humble paroisse, leur retentissement et leur contre-coup. En 1628, pendant que le génie de Richelieu, de ce grand Cardinal, sur lequel on a porté des jugements si contraires, poussait avec tant de vigueur le siége de la Rochelle et ménageait ainsi, avec la confusion des rêves ambitieux de l'Angleterre, « le triomphe de Louis XIII, sur la plus célèbre rébellion qui ait jamais choqué l'autorité d'un monarque souverain »(2), le maréchal de Toiras donna des preuves de sa vaillance, et « se montra l'un des premiers hommes de son siècle aux affaires de la guerre » (3). Sa sœur, Marguerite de Toiras, était alors

_____

(2) *Histoire du maréchal de Saint-Bonnet de Toiras*, in-fº, p. 104.

(3) Id. Ibid.

dame de Brignon et suivait ici, de loin, tout près de cette chapelle, non pas seulement la fortune et les exploits de son frère, mais encore les affaires de la religion et de la France, si fort intéressées l'une et l'autre dans la ruine de cette république dont l'établissement durable eût ramené sur nous les malheurs de Charles VII et nous aurait légué cent années de combats.

En 1867, ce n'est plus de la petite capitale du protestantisme français qu'il s'agit. C'est de Rome, la capitale auguste du monde catholique. Ce n'est plus une femme seule dont le cœur suit, à Brignon, les phases d'une lutte, solennelle entre toutes. Tous, vous vous êtes unis dans une ardente sympathie pour la cause du Saint-Père et, plus favorisés en un sens que la sœur du maréchal, vous avez donné les flots d'un sang généreux pour arroser et consolider, autant que cela dépend des hommes, la pierre fondamentale de notre Eglise et de notre Foi.

Votre dévouement d'aujourd'hui, Mes Frères, dépasse et fait oublier le dévouement de vos aïeux ! Puissent vos enfants, à leur tour, vous dépasser vous-même dans la fidélité religieuse qu'ils sauront garder au Saint-Siége, à la personne sacrée du Pape et au Dieu vivant, leur récompense et la vôtre pour l'éternité ! Ainsi soit-il.

Nimes, Imprimerie Lafare et Attenoux, place de la Couronne, 1.